NOS
REPRÉSENTANTS
AU PARLEMENT

Par Pierre RAYNIER

SUPPLÉMENT

A LA

BIOGRAPHIE

DES

REPRÉSENTANTS

DU

Département de l'Aude

DE 1789 A 1900

Ouvrage honoré d'une subvention du Conseil Général.

PRIX : 0 FR. 60 CENTIMES

NOS

REPRÉSENTANTS

AU PARLEMENT

Par Pierre RAYNIER

—–~~~—–

SUPPLÉMENT

A LA

BIOGRAPHIE

DES

REPRÉSENTANTS

DU

Département de l'Aude

DE 1789 A 1900

————

Ouvrage honoré d'une subvention du Conseil Général.

————

PRIX : O FR. 60 CENTIMES

AVANT-PROPOS

Lors de la publication de ma brochure, je ne m'attendais pas à être l'objet d'aussi nombreuses sympathies. La faveur que j'ai rencontrée auprès de mes concitoyens me fait un devoir de tenir à jour cette étude historique.

Est-ce à dire qu'aucune critique n'ait été dirigée contre mon travail ? Certes, il s'en est produit portant sur deux ordres de faits différents : 1° Sur les erreurs matérielles ; 2° sur le défaut d'appréciation de la conduite politique de chaque personnage.

En premier lieu, je ferai observer, pour ma justification, que tout ce qui est l'œuvre de l'homme ne saurait être parfait et qu'il serait présomptueux de ma part de croire que j'ai échappé à la loi commune ; comme tous les autres, je lui ai payé mon modeste tribut ; les erreurs seront corrigées et les lacunes comblées lors de la refonte complète de l'ouvrage.

J'ajouterai ensuite que je n'ai nullement cherché à faire une œuvre de polémique, et que, dans ces conditions, la plus grande réserve devenait obligatoire.

En censurant les actes d'un chacun, je risquais d'être injuste; selon mes préférences personnelles, les uns auraient été exaltés au détriment des autres; c'eût été faire preuve d'une maladresse insigne que de s'engager dans une voie aussi dangereuse. Malgré la tentation, j'ai su me faire violence pour tâcher de me tenir à égale distance du blâme discret et de la louange outrée, de façon à être aussi impartial que les imperfections de la nature humaine le permettent.

Les mêmes considérations ont dicté ma conduite pour soumettre aujourd'hui au public le profil de nos Représentants actuels au Parlement.

A Moussoulens, le 1ᵉʳ avril 1903.

RAYNIER.

APPRÉCIATIONS DIVERSES

Extrait du BULLETIN DE L'INSTRUCTION PRIMAIRE DE L'AUDE, n° 214, mars-avril 1901, sous la signature de M. G. Dodu, Inspecteur d'Académie :

BIBLIOGRAPHIE

« Je crois devoir — parce qu'il m'est toujours agréable
« d'encourager les travailleurs, — signaler à l'attention
« des instituteurs de ce département, le travail d'un de
« leurs collègues, M. Raynier, instituteur à Moussoulens.
« Je ne prétends, bien entendu, ni confirmer, ni infirmer
« les opinions de l'auteur et je me borne à juger le carac-
« tère littéraire de l'œuvre.

« En un volume d'environ 200 pages, M. Raynier fait
« revivre la physionomie des représentants du départe-
« ment de l'Aude, depuis l'origine du régime parlemen-
« taire en France jusqu'à nos jours. Tour à tour, les
« silhouettes des Audois de l'ère révolutionnaire, de l'em-
« pire, de la restauration, de l'époque contemporaine,
« défilent devant nos yeux. Biographie des représentants
« de l'Aude groupés par Assemblée. L'auteur a pu com-
« mettre des erreurs inévitables en un travail de ce genre,
« oublier de combler quelques lacunes ; il n'en reste pas

« moins que, sans sacrifier aux soins d'une vaine réclame,
« il s'est tenu, de propos délibéré, sur un terrain scienti-
« fique. Il a puisé aux pièces d'archives ; il a eu commu-
« nication de quelques papiers de famille ; et il paraît
« avoir tiré des uns et des autres le parti qu'on était en
« droit d'attendre d'un esprit laborieux.

« Puisse le prix des services qu'elle est appelée à
« rendre à l'histoire locale, justifier la publication de
« M. Raynier.

« G. D. »

Du RADICAL DU MIDI *du 21 avril 1901.*

« M. Raynier, instituteur à Moussoulens, vient de
« publier une plaquette qui, tout en consacrant son mé-
« rite, lui fait le plus grand honneur.

« A la suite de recherches longues, laborieuses, minu-
« t.euses, l'auteur est parvenu à rétablir la biographie de
« chacun des fort nombreux représentants de l'Aude à
« toutes les Assemblées délibérantes qui se sont succédé
« depuis la Constituante de 1789 jusqu'à la Chambre des
« députés et le Sénat actuels.

« Pour donner une idée exacte du travail accompli par
« M. Raynier, nous nous faisons un véritable plaisir de
« reproduire ci-dessous, à titre de spécimen, la note
« concernant notre très cher et excellent ami, M. Dujardin·
« Beaumetz, député de Limoux.

« . . . .
« . . . .
« . . . .

« Comme on le voit par ce qui précède, M. Raynier a
« cherché et réussi à présenter ses biographies dans un
« style simple, clair et net dont la forme analytique n'ex·
« clut pas le détail.

« L'ouvrage très intéressant de l'instituteur de Mous-
« soulens a son prix. Il complète une lacune historique
« dans nos annales départementales. A ce titre, il a le
« droit d'être introduit, en très bonne place, dans toutes
« les bibliothèques publiques et scolaires de l'Aude.

« Nous sommes convaincu que chaque commune aura
« à cœur de se munir au plus tôt d'une brochure, que l'on
« pourrait, non sans raison, considérer comme une sorte
« de panthéon politique pour notre région.

« P. MASSÉ. »

De LA DÉPÊCHE *du 22 avril 1901.*

« M. Pierre Raynier vient de publier la biographie des
« représentants du département de l'Aude depuis 1789
« jusqu'à l'année 1900. C'est un ouvrage très documenté
« que l'on peut consulter avec fruit. »

LA DÉPÊCHE, *57, rue Bayard, Toulouse, Direction.*

« Toulouse, le 17 avril 1901.

« Monsieur,

« Je vous remercie vivement pour l'envoi de votre inté-
« ressante brochure. C'est une heureuse contribution à
« l'histoire de notre département.

« Je serai heureux d'en faire toucher deux mots dans
« notre chronique de l'Aude.

« Avec mes remercîments, je vous prie d'agréer,
« Monsieur, mes salutations empressées.

« A. HUC. »

LA DÉPÊCHE, *Toulouse, Rédaction Parisienne,*
4, Faubourg-Montmartre.

« Paris, le 23 avril 1901.

« Cher Monsieur,

« J'ai reçu votre ouvrage et l'ai parcouru avec intérêt.
« Je me ferai un plaisir d'y consacrer quelques lignes
« dans un des prochains numéros de *La Dépêche* et de
« vous féliciter de vos consciencieuses recherches et du
« travail remarquable auquel elles ont abouti.
« Croyez à mes sentiments les meilleurs.

« MAURICE SARRAUT. »

RÉPUBLIQUE FRANÇAISE

Extrait du REGISTRE DES DÉLIBÉRATIONS DU CONSEIL GÉNÉRAL
DE L'AUDE.

Séance du 20 août 1901.

Biographie des Représentants de l'Aude

SUBVENTION

« M. ALDY, rapporteur, indique que M. Raynier, insti-
« tuteur à Moussoulens, sollicite une subvention du
« département en faveur d'un ouvrage ayant pour titre :
« *Biographie des Représentants du département de l'Aude de*
« *1789 à 1900.*

« La Commission, conclut M. le Rapporteur, ne mécon-
« naît pas les mérites de cet ouvrage, mais elle estime
« que par mesure d'économie il n'y a pas lieu de voter la
« subvention demandée au Conseil général.

« M. Albert SARRAUT demande au Conseil de voter une
« subvention en faveur de cette publication.

« Elle apporte une contribution très utile, dit M. Sar-
« raut, à une œuvre qui devrait être entreprise et encou-
« ragée, celle de faire mieux connaître à nos populations
« l'histoire politique de ce pays.

« M. MIR signale certains détails inexacts de cet ouvrage
« et demande que la décision du Conseil général soit au
« moins ajournée à une prochaine séance.

« M. POUBELLE indique aussi qu'on relève certaines
« erreurs matérielles dans l'ouvrage que l'on propose de
« subventionner.

« M. Albert SARRAUT et M. DUJARDIN-BEAUMETZ insistent
« auprès du Conseil général et demandent qu'une somme
« de 100 francs soit votée à ce titre.

« M. le Président consulte le Conseil sur la proposition
« de M. Mir tendant à ordonner l'ajournement à une pro-
« chaine séance d'une décision définitive.

« Cette proposition, mise aux voix, n'est pas adoptée.

« M. le Président consulte le Conseil général sur la pro-
« position de MM. Albert Sarraut et Dujardin-Beaumetz,
« tendant au vote d'une subvention de 100 francs.

« Le Conseil adopte.

« POUR EXTRAIT CONFORME :

« Carcassonne, le 26 septembre 1901.

« POUR LE PRÉFET DE L'AUDE :

« *Le Secrétaire général, délégué,*

« Signé : L. VITTINI. »

Elections Complémentaires

(12 Mai 1901)

SÉNESCAIL

SÉNESCAIL (Antonin), né à Castelnaudary le 13 janvier 1865, commença ses études au collége de sa ville natale, les continua au lycée de Carcassonne jusqu'en rhétorique et les termina à celui de Toulouse où il obtint le grade de bachelier ès lettres : il était étudiant en droit, lorsque la mort de son père l'obligea à rentrer dans sa famille pour prendre la direction de l'usine à gaz qu'il a conservée jusqu'en ces derniers temps.

Lieutenant de réserve depuis cinq ans, il a toujours suivi avec intérêt les exercices ayant pour but le développement des forces physiques, pénétré qu'il est de la nécessité qui s'impose de fournir à la patrie des citoyens capables de la défendre au moment du danger.

Devenu membre du Conseil municipal de Castelnaudary, à la suite des élections complémentaires du 18 mars 1900, M. Sénescail fut nommé Maire de cette ville huit jours après. Lors du renouvellement intégral de l'Assemblée communale qui eut lieu au mois de mai de la même année, la liste qu'il présenta aux électeurs passa tout entière avec une moyenne de 1,300 à 1,400 voix. Nommé pour la seconde fois chef de la municipalité, il a apporté une très grande activité dans l'accomplissement des fonctions administratives et a amélioré la plupart des services communaux ; par la création d'une clinique gratuite, il a placé l'hospice de Castelnaudary sur le même pied d'égalité que les établissements charitables les plus renommés de la région du Sud-Ouest.

Au mois de juillet 1900, assistant à la distribution des prix du collége, il préconisa, comme président de cette cérémonie, la fondation d'une société amicale des anciens élèves de cet établissement ; cette idée fut si bien accueillie par l'auditoire que l'association ne tarda pas à prendre naissance et se trouve aujourd'hui en pleine prospérité. Il est, en outre, à la tête de la plupart des sociétés patriotiques ou de prévoyance de la ville, telles que la *Boule de Neige* et la *Société de Gymnastique.*

Nommé juge suppléant au Tribunal de commerce, en décembre 1899, il se trouva, en sa qualité de maire du chef-lieu d'arrondissement, assez en vue pour être appelé à recueillir la succession de M. Rivals qui avait donné sa démission. Aux élections législatives qui eurent lieu

le 12 mai 1901, il obtint 4,117 voix, tandis que
M. de Laurens-Castelet n'en réunit que 3,550 et

M. de Péraldi 3,007. Resté seul candidat au
scrutin de ballottage, M. Sénescail fut élu député
par 6,075 voix sur 6,857 votants.

Le renouvellement total de la Chambre mit
un terme au mandat qu'il exerçait depuis si peu
de temps; le siège qu'il occupait lui fut disputé
par son ancien concurrent, M. de Laurens-Castelet et par M. Georgin, le gendre de M. Saba;
au scrutin du 27 avril 1902, 3,570 voix se portèrent sur son nom, 3,415 sur celui de M. Georgin
et 4,313 sur la tète de M. de Laurens-Castelet.

La lutte fut des plus vives; les esprits étaient tellement montés que l'entente fut impossible au second tour entre les deux candidats républicains. Revenir au combat dans de telles conditions, c'était courir au devant d'une défaite certaine; l'événement ne justifia que trop les appréhensions des moins clairvoyants; le 11 mai suivant, M. de Laurens-Castelet fut élu avec 4,764 voix, tandis que M. Sénescail en obtenait 3,841 et M. Georgin 2,960.

Les partis politiques sont comme les nations; les guerres intestines les affaiblissent à tel point qu'elles finissent par déterminer, sinon leur anéantissement, tout au moins leur impuissance. A l'approche du danger, chacun devrait puiser dans sa foi républicaine assez d'énergie et d'abnégation pour faire taire ses rancunes et accomplir strictement son devoir.

M. Sénescail a été nommé titulaire de la justice de paix du canton centre de Toulouse; il a complètement abandonné la politique et a laissé à d'autres le périlleux honneur de conduire à la victoire les phalanges démocratiques castelnaudariennes.

Élections Législatives

(27 Avril 1902)

ARRONDISSEMENT DE CARCASSONNE

PREMIÈRE CIRCONSCRIPTION

SAUZÈDE

Sauzède (Jules) est né à Carcassonne, le 19 juillet 1844 et a fait ses études au lycée de cette ville. Son père, le docteur Sauzède, médecin très estimé, l'habitua de bonne heure à tous les genres de sports, à l'escrime et à l'équitation surtout.

C'est M. Jules Sauzède qui, avec quelques amis, organisa à Carcassonne les premières courses de chevaux. Vers 1868, il fit partie de la première société vélocipédique fondée dans le chef-lieu de l'Aude et en fut le Trésorier.

En 1870, il avait 26 ans et ne comptait plus à aucun titre dans l'armée. Malgré cela, il s'enrôla dans le bataillon des mobiles de l'Aude et prit une part très active à l'organisation de ce corps de troupe, M. Sauzède fit la campagne de l'Est, d'abord comme lieutenant et participa ensuite, comme capitaine, dans le 83ᵉ Régiment de marche, sous les ordres du général Cremer, à toutes les batailles que livra aux Allemands l'armée de Bourbaki.

Une b'essure au pied l'obligea à rentrer à l'hôpital de Besançon où il resta quelques mois. Après sa guérison, il revint offrir son concours au Gouvernement de la Défense nationale. Rentré dans ses foyers, M. Sauzède se consacra à l'éducation physique de la jeunesse, à l'encouragement des Arts et à la propagation des idées démocratiques.

Choisi comme Président d'honneur de la Société de gymnastique *l'Avenir*, vers 1890, M. Sauzède s'occupa surtout de la vulgarisation dans le département de tous les genres d'exercices physiques et réussit, en peu de temps, avec le concours de quelques amis dévoués, à doter l'Aude d'une vingtaine de sociétés de gymnastique ou de tir.

Il fut Président actif de *l'Avenir* en 1893, membre du Jury aux concours de Cahors en 1894 et de Perpignan en 1895, et enfin Président du Comité d'organisation de la 111ᵉ Fête fédérale des sociétés de gymnastique du Midi, à Carcassonne (1896). Il est en outre membre associé de l'Union des sociétés de gymnastique de France.

M. Sauzède a fondé à Carcassonne une société

musicale très brillante, l'une des meilleures et
des plus importantes musiques du Midi.

Il est fondateur et Président de la 888e section
des « Vétérans des armées de terre et de mer »
qui compte plus de 400 membres. Il est encore
Président ou Membre de plusieurs autres asso-
ciations d'assistance ou de mutualité sociale.

Se souvenant de tous les camarades laissés en
1870 sur le champ de bataille, il a organisé à
Carcassonne un Comité chargé d'élever un monu-
ment aux Audois morts pour la Patrie, et il est
le Président de ce Comité.

2

Tant de dévouement désintéressé ne pouvait que lui gagner la sympathie des classes laborieuses dont il cherche tous les jours à améliorer la condition. Devenu très populaire dans sa ville natale, M. Sauzède fut élu, en 1890, conseiller municipal de Carcassonne par 1,974 suffrages, le sixième sur une liste de vingt-sept. En 1892, il présenta une liste radicale-socialiste qui échoua tout entière; mais en 1893, à l'occasion d'élections complémentaires, il entra de nouveau au Conseil municipal avec deux de ses amis politiques.

La municipalité refusant d'obéir à l'impulsion démocratique qu'il désirait lui donner, il groupa autour de lui ses collègues les plus avancés, attaqua avec une très grande énergie la majorité opportuniste et réussit, en 1896, à faire élire au premier tour la liste radicale-socialiste dont il était le chef, contre les deux listes qui lui furent opposées (opportuniste et réactionnaire), arrivant en tête de la sienne avec 3,181 voix et devint Maire de la ville. Nommé, en 1898, au premier tour de scrutin, conseiller général de l'Aude (canton ouest de Carcassonne) contre trois concurrents, il fut aussi réélu, en 1900, au Conseil municipal en tête de la liste radicale-socialiste contre deux listes adverses (opportuniste et réactionnaire) avec 3,249 voix et eut son mandat de Maire renouvelé. Candidat unique des radicaux-socialistes dans la première cir-

conscription de Carcassonne au renouvellement
législatif de 1902, M. Sauzède fut élu député au
premier tour de scrutin avec 5,799 suffrages,
contre 2,745 à M. Denis Guibert, député sortant de la deuxième circonscription de la Mar-
tinique, républicain-nationaliste et 2,537 à
M. Marty, ancien ministre, ancien député et
conseiller à la Cour d'appel de Paris, républi-
cain-progressiste.

Jules Sauzède siège à gauche, à côté des députés les plus avancés de la majorité et est inscrit
aux groupes radical-socialiste, de l'enseignement,
viticole, etc. Ses votes, toujours inspirés par un
ardent amour de la République, sa fermeté de
caractère lui ont valu la sympathie de ses collègues. Il réclame, avec les radicaux-socialistes,
les réformes politiques et économiques que pré-
conisent les républicains avancés : impôt sur le
revenu, séparation des Eglises et de l'Etat,
réduction du service militaire, etc. M. Sauzède
est membre de la Commission de l'armée, de la
Commission de décentralisation, etc.

Le député de la première circonscription de
Carcassonne est propriétaire-viticulteur et s'occupe d'une façon constante de l'amélioration et
de la reconstitution des vignobles, principale
source de prospérité des départements du Midi.

Il fait partie, comme vice-président, de la
Société démocratique d'Agriculture de l'Aude
et est président du Comité départemental du

Canal des Deux-Mers, section de Carcassonne.
D'une physionomie qui respire la franchise,
M. Sauzède jouit d'une très grande popularité.

THÉRON

Théron (Ferdinand) est né à Moux (Aude), le
5 mai 1834. Il fit de l'opposition à l'empire qui ne
put l'empêcher d'être élu au Conseil municipal
de Carcassonne, tant sa popularité était grande.
D'apparence timide, M. Théron n'en prit pas
moins une part très active à la propagande anti-
plébiscitaire de 1870. Conseiller général de l'Aude
pour le canton de Capendu et connu pour la fermeté et la sincérité de ses convictions, il fut inscrit sur la liste radicale socialiste du département
aux élections du 4 octobre 1885, et au premier
tour de scrutin obtint 20,803 voix sur 68,426 votants. La liste conservatrice étant arrivée en tête,
il importait de conjurer le péril qui menaçait la
République, non seulement dans l'Aude, mais
dans la France entière ; chacun comprit le devoir
et n'hésita pas un instant à l'accomplir ; au scrutin de ballottage du 18 octobre, une liste de concentration républicaine sur laquelle se trouva

porté M. Théron fut présentée aux électeurs; elle passa d'emblée; sur 73,917 votants, M. Théron

obtint 44,002 voix et fut élu le troisième sur cinq. Ennemi du cumul des fonctions électives, mettant en harmonie ses actes avec les principes de toute sa vie, il donna sa démission de Conseiller général.

Aux élections générales du 22 septembre 1889, faites au scrutin d'arrondissement, il fut candidat dans la deuxième circonscription de Carcassonne qu'il représente aujourd'hui et fut élu au premier tour par 6,558 voix contre 5,885 accor-

dées au député radical sortant, M. Wickersheimer. En 1892, une grève s'étant déclarée à Car-
maux, il se rendit dans ce centre ouvrier pour
engager les mineurs au calme et à la modération
et éviter un conflit sanglant qui, s'il s'était produit,
aurait porté le plus grave préjudice aux institutions républicaines ; grâce à l'attitude des grévistes
sagement conseillés par les députés présents, les
malheurs que l'on redoutait le plus purent être
écartés. M. Théron n'avait pas peu contribué à
ce résultat dont il avait le droit d'être fier.

Le renouvellement de la Chambre, fixé au
20 août 1893, vint interrompre sa carrière législa-
tive. Les deux circonscriptions de Carcassonne
ayant été réunies en une seule, il échoua avec
8,175 voix contre 8,842 à M. Marty, qui fut élu et
443 à M. Parazols. Mais, le 8 mai 1898, il se ven-
gea de cette défaite ; au premier tour de scrutin,
il obtint 11,197 voix contre 6,932 à M. Marty et
3,838 à M. de Belfortès ; le 27 avril 1902, il se présenta dans la deuxième circonscription de Carcassonne créée de nouveau et eut pour concurrent M. d'Ouvrier de Villegly ; la lutte fut très
vive ; mais, confiant dans la légitimité de la
cause qu'il représentait, M. Théron attendit avec
la plus grande sérénité la fin de la bataille qui lui
fut favorable, car 7,454 voix contre 5,701 à son
adversaire lui prouvèrent en quelle estime le tiennent ses électeurs qui lui sont toujours restés
fidèles.

Désigné par le Congrès républicain radical comme candidat aux élections sénatoriales du 4 janvier 1903, il réunit sur son nom 339 suffrages sur 743 votants.

Au Palais-Bourbon, il siège parmi les membres composant le groupe socialiste de la Chambre. Dans tous ses votes, il est impossible d'y trouver la moindre défaillance; il n'a toujours eu qu'un but : la consolidation de la République pour laquelle il a sans cesse combattu, n'ayant jamais hésité, pour en assurer le triomphe, à lui faire le sacrifice de sa tranquillité et de sa fortune. Par son affabilité et sa fidélité inébranlable aux institutions actuelles, il jouit de la sympathie de ses collègues républicains et possède l'estime de ses adversaires qui ne peuvent s'empêcher de rendre hommage à la dignité de sa vie.

ARRONDISSEMENT DE CASTELNAUDARY

LAURENS-CASTELET

Laurens-Castelet (Olivier, marquis de), naquit à Toulouse, le 9 avril 1844; doué d'une belle fortune, il fit ses études dans sa famille sous la direction d'un précepteur qui sut tirer le

meilleur parti possible des excellentes dispositions de son élève, puisqu'il le fit arriver au
grade de bachelier ès lettres et à celui de bachelier ès sciences.

Ses goûts particuliers le portèrent à embras-
ser la carrière militaire pour laquelle il se sen-
tait une grande vocation ; aussi prépara-t-il son
examen d'admission à l'École spéciale de Saint-
Cyr où il eut la chance d'entrer dans un très
bon rang ; il fit, comme sous-lieutenant, en
Afrique, les campagnes de 1864-1865 et 1866 ;
mais au mois de juin 1870, fatigué de la vie
de caserne, il donna sa démission de lieutenant
de dragons et rentra au milieu des siens habi-
tant la commune de Puginier, dans les environs
de Castelnaudary.

Au mois de juillet de la même année, sur les
conseils de l'impératrice qui la désirait ardem-
ment, Napoléon III déclara la guerre à la Prusse ;
à cette nouvelle, M. de Laurens-Castelet retira
sa démission, estimant avec juste raison, comme
tant d'autres patriotes, que sa présence devenait
nécessaire à l'armée ; et il fit la campagne du
Rhin en qualité d'officier d'ordonnance du général de France. Enfermé dans Metz, il fut, à la
suite de la capitulation de Bazaine, le 27 octobre 1870, dirigé sur l'Allemagne comme prisonnier de guerre, et ne rentra en France qu'après
la paix de Francfort (mai 1871). Nommé chef
d'escadron, il abandonna définitivement l'armée,

non sans avoir obtenu la croix de chevalier de
la Légion d'honneur et la médaille coloniale et

avoir été élevé au grade de chevalier de Saint-
Grégoire.

En 1884, ses concitoyens lui conférèrent la
dignité de Maire de Puginier que depuis cette
époque il a conservée sans interruption jusqu'à
aujourd'hui. Fondateur et président du Syndicat
agricole de l'arrondissement, membre corres-
pondant du Musée social, il a rendu quelques
services aux propriétaires de la région, à tel point
qu'aux élections législatives du 8 mai 1898, il se

présenta à la députation comme candidat républicain progressiste et obtint 4,063 voix, contre 4,239 à M. Saba, candidat radical démocratique et 2,518 à M. Durand, candidat radical-socialiste. L'étiquette qu'il avait prise lui fut quelque peu nuisible, car en faisant acte d'adhésion à la République, il excita les défiances de quelques-uns de ses amis et ne parvint pas à convaincre les partisans du régime actuel qui le tinrent en suspicion ; aussi, au scrutin de ballottage du 22 mai, échoua-t-il avec 5,471 voix, contre 5,834 accordées à son concurrent, M. Saba, qui fut élu. Aux élections complémentaires du 2 juillet 1899 qui eurent lieu pour remplacer M. Saba, décédé, il resta complètement étranger à la lutte politique. Mais lorsque le 12 mai 1901 il fallut pourvoir à la vacance créée par la démission de M. Rivals, il se mit sur les rangs et obtint seulement 3,550 voix, pendant que M. Sénescail en réunissait 4,117 et M. de Péraldi 3,007 ; il n'affronta pas les chances d'un second scrutin et M. Sénescail, demeuré seul candidat, entra au Palais-Bourbon.

Lors du renouvellement intégral de la Chambre auquel il fut procédé le 27 avril 1902, il soumit aux électeurs le même programme qui fut approuvé par 4,313 voix, contre 3,570 accordées à celui de M. Sénescail et 3,415 à celui de M. Georgin, candidat radical-socialiste. Malgré les objurgations de tous les militants du parti

républicain, l'entente ne put se faire entre
M. Séneseail et M. Georgin qui, au scrutin de
ballottage du 11 mai suivant, sollicitèrent à
nouveau les suffrages des électeurs. A quelques
voix près, les trois candidats conservèrent leurs
positions, car M. de Laurens-Castelet obtint
4,764 voix, M. Séneseail 3,841 et M. Georgin
2,960. M. de Laurens-Castelet fut donc élu.

Conformément à ses promesses que nous n'au-
rons pas la mauvaise grâce de suspecter, nous
espérons que, rompant avec un passé à jamais
disparu, il s'engagera résolument dans la voie du
progrès démocratique et votera toutes les mesu-
res propres à améliorer la condition des hum-
bles et des déshérités de la fortune.

ARRONDISSEMENT DE LIMOUX

DUJARDIN-BEAUMETZ

DUJARDIN-BEAUMETZ (Henri-Charles-Etie....),
peintre français, est né à Paris le 29 décembre 1852. En 1848, son père avait été appelé à la
préfecture de Puy-de-Dôme par le gouvernement
provisoire qui remplaça Louis-Philippe et pro-
clama la République. Au lieu de suivre la carrière administrative, dont il aurait sûrement été

écarté par l'empire, M. Dujardin-Beaumetz se
consacra à la peinture et eut pour maîtres des
hommes d'une très grande valeur : Cabanel et
Roux ; il ne leur fit point déshonneur, car au
salon de 1875 il exposa un tableau : *En Recon-
naissance*, qui attira l'attention du public sur son
auteur et lui mérita de nombreuses félicitations ;
depuis cette époque, il a produit un grand nombre de toiles dont la plupart représentent des
scènes de la vie militaire : *Mobiles évacuant le
plateau d'Avron* (1876) ; *l'Infanterie de soutien*
et *En Retraite* (1877) ; *l'Attaque d'un Château*
(1879) ; *les Voilà* (1880) ; dans ce tableau, il donna
la mesure de son talent et défraya les chroniques de tous les journaux artistiques de l'époque ;
le Bataillon des Graviliers (1881) : *la Brigade
Lapasset brûlant ses drapeaux* (1882) ; cette
toile orne le musée de Carcassonne et attire, par
son expression, l'attention de tous ceux qui le
visitent ; *les Libérateurs* (1883) ; *la Garnison
quittant Belfort* et *A Champigny* (1884) ; *A la
Baïonnette* et *la Dernière Faction* (1885) ; *Ils ne
l'auront pas* (1887) ; *Salut à la Victoire* (1888).

Il a donné aussi de nombreux portraits parmi
lesquels celui de M. Dujardin-Beaumetz, ancien
directeur du service de santé au Ministère de la
guerre, membre de l'Académie de médecine. En
1880, il a obtenu une médaille de troisième classe
et à l'Exposition universelle de 1889, il a été gra-
tifié d'une mention.

Bien que comme peintre il ait une très grande
notoriété, c'est plutôt comme homme politique

que M. Dujardin-Beaumetz est connu dans le
département où il était venu se marier. Avec les
idées larges et généreuses qui l'animent, et son
profond amour de la justice et de l'humanité, il
ne pouvait rester indifférent en présence des
questions sociales qui agitent la masse des travailleurs.

Elu Conseiller général pour le canton de
Limoux, en 1887, il a été porté trois fois de suite
à la présidence de l'Assemblée départementale

et n'a pas posé sa candidature en 1900, conformément aux engagements qu'il avait pris antérieurement; mais, en 1902, ses collègues, à l'unanimité des suffrages exprimés, l'ont appelé une fois encore à ce poste d'honneur, lui donnant ainsi un précieux témoignage de confiance dû à ses nombreuses qualités.

Le 22 septembre 1889, il posa sa candidature à la députation dans l'arrondissement de Limoux et fut assez heureux pour réunir sur son nom les suffrages de tous ceux qui avaient à cœur le triomphe des institutions républicaines; par 7,745 voix contre 5,365 accordées à M. Fondi de Niort, candidat conservateur, il fut envoyé au Palais-Bourbon. Aux élections de 1893, il sollicita le renouvellement de son mandat; 9,553 suffrages contre 3,477 à M. Rouquette, socialiste, lui prouvèrent qu'il était en parfaite communion d'idées avec ses électeurs. Réélu en 1898 par 11,016 voix contre 4,629 à M. Ferroul de Montgaillard, conservateur, il le fut également le 27 avril 1902 avec 10,316 suffrages contre 2,878 à M. Laffon et 1,251 à M. Alard. Depuis un certain nombre d'années, il exerce des fonctions municipales dans la commune de La Besole (Aude), et est la providence de ses administrés.

Au début de la législature actuelle, il a été nommé président de la grande Commission d'agriculture de la Chambre et a, en prenant place au fauteuil, prononcé un très beau discours qui a fait le tour de la presse, faisant connaître d'une manière générale ce qu'il convient de faire pour mettre fin à la crise économique qui sévit avec tant d'intensité sur la France.

D'un abord facile, M. Dujardin-Beaumetz est, de plus, très serviable ; aussi jouit-il à la Chambre et dans son arrondissement d'une très grande popularité.

ARRONDISSEMENT DE NARBONNE

PREMIÈRE CIRCONSCRIPTION

ALDY

Aldy (Emile-Paul-Félix) a vu le jour à Millau (Aveyron), le 17 juillet 1853 ; il a fait ses études à Toulouse et jusqu'en 1875 a résidé dans cette ville qu'il dut quitter alors pour aller faire son service militaire ; après sa libération, il revint à Millau et y resta jusqu'en 1880. En complet désaccord avec ses parents à cause des opinions républicaines qu'il professait, il se vit obligé d'abandonner la maison paternelle et de se réfugier chez une de ses tantes qui lui offrit une large hospitalité : cette rupture eut une répercussion dans l'opinion publique et lui valut la sympathie de ses concitoyens ; le zèle dont il fit preuve en maintes circonstances lui mérita, malgré son jeune âge, le très grand honneur d'être appelé à la présidence du Comité républicain de l'arrondissement ; membre du cercle ouvrier de Millau, il en devint bientôt le vice-président pendant que M. Massé, le sympathique rédacteur en chef du *Radical du Midi*, alors professeur d'histoire au collège de cette ville et qui lui avait servi de parrain au moment de son admission, était nommé secrétaire du même groupe. Doué d'une très grande activité, M. Aldy battit en brèche la réaction et entra au Conseil municipal où il se fit une place des plus honorables.

Appelé, en 1880, à remplir les fonctions de substitut à Limoux, il passa peu après en la même qualité à Narbonne, fut nommé Procureur de la République sur place, et abandonna la magistrature en 1888, à la suite d'une affaire dans laquelle M. Ferroul était engagé ; il se fit inscrire au barreau de Narbonne qu'il n'a plus quitté et plaida dès lors tous les procès politiques de la région. Comme chef du parquet, il avait dû se tenir sur une prudente réserve ; mais, après avoir donné sa démission et reconquis sa liberté d'action, il combattit sans trêve ni merci le parti conservateur et le parti modéré. Aux élections municipales de 1892, il fut porté sur la liste socialiste et arriva en si bon rang qu'il devint adjoint lors de la constitution de la municipalité. Nommé Conseiller général pour le canton de Narbonne

qu'il représente encore aux élections départementales qui eurent lieu la même année, il fut élu

Maire de la ville après la révocation de M. Ferroul survenue à propos de ses démêlés avec le
préfet de l'époque, M. Beverini-Vico. Il remplis-
sait ces fonctions lorsqu'en 1893, il posa, dans la
circonscription de Lézignan, sa candidature à la
députation contre celle de M. Turrel, député sortant. La lutte fut des plus orageuses ; dans les diverses réunions qu'il donna, M. Aldy fit entendre
des accents indignés à l'adresse de ceux qui lan-
çaient les accusations les plus invraisemblables

et par conséquent les plus injustes contre sa personne; malgré ses efforts, le résultat lui fut défa-
vorable; au premier tour de scrutin, il réunit
seulement 4,673 voix contre 8,103 accordées à
M. Turrel qui fut élu.

Lors du renouvellement des conseils munici-
paux en 1896, les électeurs narbonnais lui accor-
dèrent de nouveau leur confiance; mais, les
opérations ayant été annulées, il ne rentra à la
mairie que le 8 mai 1900. Ayant été réélu Conseiller général en 1898 et nommé de nouveau
adjoint au Maire, il fut désigné par le Congrès
socialiste pour remplacer à la Chambre M. le docteur Ferroul qui renonçait volontairement à son
mandat; deux concurrents lui disputèrent la succession; aussi la lutte prit elle un caractère des
plus violents; mais, fort de la légitimité de la
cause qu'il incarnait et de la popularité dont il
jouissait auprès du corps électoral, au premier
tour de scrutin qui eut lieu le 27 avril 1902, il
arriva en tête avec 5,754 voix; M. Liouville en
réunit 2,548 et M. Turrel, 3,531; M. Liouville
s'étant retiré purement et simplement, il resta
seul en présence de M. Turrel; au scrutin de ballottage du 11 mai suivant, il fut élu avec
6,191 voix contre 5,780 réunies par son adversaire; il est allé grossir le groupe des députés
socialistes de la Chambre.

D'une allure décidée, il a, dans la physionomie,
quelque chose de très énergiqus et de très volon-

taire ; il réunit les qualités qui dénotent l'homme
de méthode et de sang-froid. Son langage ferme
et précis est heureusement servi par une voix
puissante propre à dominer le tumulte des assemblées. Aussi, la législature ne se terminera pas
sans qu'il ne donne la mesure de son talent et ne
vienne justifier les espérances de la démocratie
narbonnaise.

DEUXIÈME CIRCONSCRIPTION

SARRAUT

SARRAUT (Albert) naquit à Bordeaux le
28 juillet 1872 ; il vint, peu à près, à Carcassonne
où son père était appelé à rédiger le journal
La Fraternité qui avait pour directeur politique M. Marcou.

Il fréquenta tout d'abord l'école primaire et
montra les meilleures dispositions au travail ; il
suivit ensuite les cours du lycée, où son intelli-
gence, heureusement secondée par l'amour de
l'étude, lui permit d'acquérir une solide instruction qu'il termina à Paris par l'obtention du
grade de docteur en droit.

Son nom est un drapeau : tout le monde a
présent à la mémoire le souvenir des services

rendus à la démocratie par sa famille; après une propagande des plus actives et au prix des plus durs sacrifices, M. Omer Sarraut parvint à constituer dans le département le parti radical-socialiste qui ne tarda pas à remporter une première victoire en envoyant à la Chambre, en 1885, deux de ses candidats, MM. Théron et Wickersheimer; quant à lui, bien que son élection fût assurée, il refusa de se mettre sur les rangs, donnant ainsi un noble exemple de désintéressement; un nouveau succès rendit maitre de la mairie de Carcassonne le jeune parti qui parvint cependant à lui faire accepter l'écharpe de Maire qu'il a détenue jusqu'à sa mort, survenue brusquement en 1887; ce fut une grande perte pour le parti avancé dont on escomptait la disparition; mais on se trompait grandement, car ses deux jeunes fils continuèrent la lutte dans *La Dépêche*, de Toulouse, qui, par la sûreté et la rapidité de ses informations, exerce une action des plus considérables sur toute la région du Sud-Ouest.

Personne n'a oublié les chroniques pleines d'humour et d'entrain que M. Albert Sarraut envoyait de Paris à ce journal, et qu'on lisait toujours avec le plus grand plaisir; dans ses écrits, on ne sait ce qu'il faut le plus admirer: si c'est la pureté de la forme ou l'art de convaincre le lecteur. Il est vrai qu'à son talent viennent s'ajouter des convictions très fermes qui s'imposent à l'esprit de ceux qui ne partagent même pas ses idées. Les questions de politique pure ont

toutes ses préférences, mais ne sont pas les seules qui occupent son activité. Il a publié, en 1899, une étude historique sur le Referendum et le plébiscite, ayant pour titre : *Le Gouvernement direct en France.*

En 1901, lors du voyage de M. Loubet en Russie, il s'est révélé comme un véritable paysagiste ; la description de l'empire moscovite, faite dans *La Dépêche* qu'il représentait, dénote une connaissance approfondie des choses ; tout récemment encore, il a fourni sur la Tunisie des renseignements dont le coloris ne le cède en rien à l'intérêt.

Au surplus, qu'ajouterions-nous encore que tout le monde ne sache déjà depuis longtemps ? En dire davantage, ce serait en diminuer le mérite; malgré sa jeunesse, il fut si bien apprécié par les électeurs de Lézignan, qu'aux élections cantonales du 31 juillet 1901, ils l'envoyèrent siéger au Conseil général; la campagne qu'il mena à cette époque fut des plus brillantes; son concurrent, M. Liouville, est un homme de talent avec qui il était obligé de compter; mais il fut assez heureux pour remporter la victoire. Il ne tarda pas à jouer, au sein de l'Assemblée départementale, un rôle des plus actifs en agitant les questions les plus importantes de notre politique générale, de façon à arriver à la solution des problèmes qu'elles comportent.

Aussi, lorsque M. Paul Narbonne, député, fut nommé directeur de l'Office Tunisien de colonisation, se trouva-t-il spontanément désigné pour prendre sa succession ; il se lança dans la mêlée avec une fougue irrésistible. Grâce à son imagination qui lui fournit en abondance les arguments et les images, il enflamma d'enthousiasme ses amis, força les hésitants à se ranger sous sa bannière et jeta l'indécision et le trouble dans l'esprit de ses adversaires; il est vrai qu'il avait à faire à forte partie et que, sans son intrépidité et la confiance que son passé inspirait au corps électoral, il aurait été mis en échec ; mais ses efforts furent couronnés de succès, car au premier tour de scrutin qui eut lieu le 27 avril 1902, il fut élu député par 7,435 voix, contre 4,020 à M. Poubelle et 3,136 à M. Bouffet ; il est inscrit au groupe de l'Extrême-Gauche de la Chambre, qui est un des plus importants de la majorité républicaine.

A propos de la discussion du budget de 1903, il a fait adopter un amendement tendant à une augmentation de crédit pour donner du vin au soldat. Ses débuts à la tribune ont été des plus heureux ; il a produit une excellente impression sur ses collègues qui le tiennent en haute estime.

Il est l'espoir du parti démocratique dans le département, car, comme le disait si bien M. Guitard, l'honorable Conseiller général du canton d'Alzonne, dans son discours d'inauguration au groupe scolaire de Moussoulens, il a fait « dans l'Aude, resplendir à nouveau un nom « déjà si connu ».

Élections Sénatoriales

(4 Janvier 1903)

GAUTHIER

GAUTHIER (Armand-Elzéar) est né à Fitou, (Aude), le 28 septembre 1850. Après avoir fait de brillantes études secondaires au lycée de Carcassonne, il commença sa médecine qu'il dut interrompre par suite de notre guerre avec l'Allemagne. Il partit pour l'armée en même temps que son frère Firmin, décédé en novembre 1900. Celui-ci fut fait prisonnier à la bataille du Mans. A.-E. Gauthier fit également la campagne sur les bords de la Loire; pendant la retraite qui suivit la reprise d'Orléans par les Prussiens, il eut un pied presque gelé; mais, quoiqu'il souffrit cruellement, il n'en voulut pas moins rester à l'armée, donnant ainsi l'exemple du patriotisme le plus pur et le plus ardent.

La paix signée, il reprit ses études et les termina dans d'excellentes conditions, fut reçu docteur en médecine après avoir été lauréat de la Faculté et vint s'établir à Sigean qu'il n'a plus quitté. Fermement attaché aux principes de 1789

qui sont le fondement de notre droit moderne, il
prit bientôt une part très active à la discussion

des questions politiques qui, vers 1875, agitaient
l'opinion publique d'un bout à l'autre de la
France. Grâce à son esprit délié, à une connaissance complète des affaires et à son affabilité qui
ne lui vaut que des amis, il devint, en 1881,
Maire de Sigean et administra cette commune
pendant sept ans. Réélu en 1892, il resta à la tête
de la municipalité jusqu'en 1900; mais, à cette
époque, ses multiples occupations le détermine-
rent à céder l'écharpe à son premier adjoint. La

politique n'a jamais complètement absorbé sa très grande activité ; ses travaux de médecine lui ont fait obtenir, en 1885, des récompenses honorifiques pour services rendus dans les épidémies et le choléra.

Depuis son entrée au Conseil général, qui remonte au 1er août 1886, il a joué, au sein de cette Assemblée, un rôle des plus importants ; dès le début, il eut l'heureuse idée de doter le département d'un réseau de chemins de fer d'intérêt local à voie étroite, et il en poursuivit la réalisation avec une constante fermeté. Les études auxquelles il se livra et son absolue confiance dans la réussite du projet qu'il caressait depuis longtemps lui permirent de triompher des difficultés qui furent accumulées sur sa route ; il eut la satisfaction bien légitime de faire partager à ses collègues les convictions dont il était animé ; ses efforts ont abouti à la construction de nombreuses lignes qui, en apportant un peu de vie et de mouvement dans quelques coins reculés de l'Aude, faciliteront les relations commerciales et assureront la richesse et la prospérité du pays. Tenant compte de ses diverses aptitudes, dans sa session d'août 1900, le Conseil général, à l'unanimité des suffrages exprimés, le nomma son président. Selon l'usage établi qui ne veut pas que le même personnage s'éternise aux honneurs, il ne posa pas, en 1902, sa candidature à une fonction dans laquelle il avait fait preuve de

toutes les qualités que l'on se plaît à rencontrer
chez l'homme appelé à diriger les discussions,
souvent orageuses, de nos assemblées délibérantes.

Les connaissances variées dont son esprit est
orné lui procurèrent l'avantage d'être, d'un
accord unanime, désigné comme candidat aux
élections sénatoriales du 7 janvier 1894 : au premier tour de scrutin, il fut élu par 387 voix sur
742 votants ; à l'expiration de son mandat, il en a
sollicité le renouvellement ; le 4 janvier 1903, le
collège électoral de l'Aude, par 471 suffrages sur
743 votants, lui a continué sa confiance. Il est
inscrit, au Luxembourg, au groupe de la Gauche
démocratique qui se réclame plus que tous les
autres des traditions de la Révolution ; ses votes
sont conformes à l'esprit de justice et de solidarité
qui anime tous ceux que les misères de notre
pauvre humanité ne laissent point indifférents.

En ces derniers temps, la personnalité de
M. Gauthier n'a fait que grandir ; sa réputation
est si bien établie qu'il a été nommé au Sénat
vice-président de la Commission des finances de
1903 ; ses nombreuses interventions à la tribune
ont grandement mis en relief sa compétence à laquelle, tout récemment encore, M. Rouvier a cru
devoir rendre un public hommage. Tout, dans sa
personne, concourt à en faire un des membres
les plus sympathiques du Parlement ; aussi est-il
permis d'espérer que l'avenir si plein de promes-

ses qui s'ouvre devant lui le mettra à même de donner la mesure de son talent.

MIR

Mir (Bertrand-Louis-Eugène) naquit à Castelnaudary, le 14 avril 1843. Il étudia le droit, conquit le grade de docteur, se fit inscrire comme avocat au barreau de Paris, devint secrétaire de M. Jules Grévy et fut sous-préfet de sa ville natale, du 11 septembre 1870 au 6 décembre de la même année. Appelé à remplir les mêmes fonctions à Nérac, il quitta l'administration et se présenta, comme candidat républicain, dans l'arrondissement de Castelnaudary, aux élections législatives du 20 février 1876 ; au premier tour de scrutin, il obtint 5,311 voix, contre 6,700 réunies par ses deux concurrents, MM. de Lordat et Lades-Gout. Ce dernier, s'étant désisté en sa faveur, M. Mir fut élu au scrutin de ballottage par 5,907 voix, contre 5,850 accordées à M. de Lordat, candidat conservateur.

Il se fit inscrire au groupe de la gauche républicaine et, après le 16 mai 1877, il fut un des 363 députés qui refusèrent leur confiance au cabinet de Broglie. La Chambre ayant été dissoute à cause des opinions républicaines professées par la majorité de ses membres, les nouvelles élections furent fixées au 14 octobre suivant ; il y

échoua avec 4,813 voix contre 6,830 obtenues
par M. de Lordat. Les opérations ayant été annu-

lées pour cause de pression officielle, les deux
adversaires se trouvèrent encore en présence aux
élections complémentaires du 7 avril 1878. M. Mir
l'emporta avec 6,638 voix, contre 5,778 réunies
par M. de Lordat.

Réélu le 21 août 1881, dans ce même arrondissement de Castelnaudary, par 5,312 voix contre
4,215 attribuées à ses deux concurrents, il échoua
au scrutin de liste, le 4 octobre 1885, avec 20,027
voix sur 68,426 votants, et se désista, au second

tour de scrutin, en faveur des candidats de la
liste de concentration républicaine. Mais le
22 septembre 1889, il affronta de nouveau la lutte
contre M. de Lordat. Dans sa profession de foi, il
se réclama hautement de la République et se pro-
nonça catégoriquement contre la politique du
général Boulanger ; après une période électorale
des plus mouvementées, pendant laquelle il paya
de sa personne, tout en dédaignant les injures
dont le parti conservateur abreuvait alors les
républicains, il fut élu, au second tour de
scrutin, par 6,449 voix, contre 6,097 accordées
à son concurrent. Réélu le 20 août 1893 avec
6,379 voix contre 4,348 à M. Guillebert des
Essarts, 21 à M. Durand et 1 à M. Le Chartier,
il posa sa candidature aux élections sénatoriales
du 7 janvier 1894 ; il échoua au troisième tour
de scrutin avec 371 voix contre 374 réunies par
M. Rivals (Jules) qui fut élu. La validité des
opérations ayant été contestée, M. Rivals demanda
à revenir devant ses électeurs, et le 25 février 1894, M. Mir l'emporta avec 398 voix
contre 346 obtenues par M. Rivals. Lors du
renouvellement triennal du Sénat, son mandat
lui a été confirmé par 383 voix sur 743 votants.
Au sein de la Haute Assemblée, il occupe, grâce
à son expérience des hommes et des choses, une
place des plus honorables; en ces derniers temps,
il a soutenu de ses votes les ministères Waldeck-
Rousseau et Combes dans la lutte qu'il ont

engagée contre toutes les forces combinées de la réaction.

Depuis un quart de siècle, il représente, au Conseil général, le canton nord de Castelnaudary et s'y est principalement occupé de la péréquation de l'impôt dans le département.

Sur son vaste domaine des Cheminières, situé dans les environs de la ville des moulins à vent, il applique, à l'élevage des bestiaux et à l'exploitation de ses terres, les procédés scientifiques récemment découverts, de façon à sortir l'agriculture des ornières de la routine dans lesquelles elle est restée embourbée jusqu'à ce jour.

TABLE DES MATIÈRES

Toulouse — Typ. Passeman et Alquier, rue des Gestes, 6